만인시인선 · 44

아지랑이 만지장서

김연대 시집

아지랑이 만지장서

만인사

자서

시는 자기 진술이며 자기 폭로다. 여기에 가식이 있으면 시도 망하고 시인도 망한다. 그런 위험한 짓을 시인은 왜 하고 있는가. 그것은 시시각각 무너져 내리고 소멸해 가는 자기 존재의 확인이 시작 밖에 없기 때문이다. 시인은 오직 언어로만 자기 존재를 천착하고 구축하는 사람이기에 밤을 새워 엎드려 쓰는 것이다. 누구에게 읽히기 위해서 쓰는 것도 아니고 누구에게 들려주기 위해서 쓰는 것도 아니다. 허공을 향하여 울부짖는 늑대의 울음 같은 것이다. 시인은 고독한 존재다. 무리 속에서도 외롭고 혼자 있어도 외로운, 괴로운 것과는 다른 절대 고독, 순수 고독의 존재이다. 나의 시에 가식이 없기를 바란다.

차 례

2

3

차 례

차 례

1

배추밭

누구는 꽃으로도 때리지 말라 했는데

나는 오늘 흙으로 나비를 때렸다

나비는 팔랑팔랑 하늘로 날아가고

참 못난 내가 거기 서 있었다

난 앞에서

난 앞에 서면
나는 내 목을 생각한다
이른 새벽
시퍼런 난잎을 닦아 올리면
劍을 닦는 기분이다
결연한 나의,
손으로 시퍼런 난잎을 닦아 올리면
더욱 결연해지는 칼날
그럴 때마다 어떤 명령 같은 것을
받드는 것 같다
그렇다
내 목은 언제나 결연해야 한다
이 난처럼

뒷북

너는 언제나 뒷북*만 친다
둥둥 남들이 다 치고 간 다음에
치지 않아도 허물이 없는 북을
그것도 혼자서
더듬거리며 친다
철 지난 開花 같은
꽃지고 나서 기울이는
빈 술잔 같은
쓸쓸한 연출
너의 삶이 그랬다

---

* 아호 뒷북(後鼓)은 문인수 시인이 지어주었다.

요놈! 요 이쁜 놈!

나의 정원에 날마다 뽑아도
새록새록 돋아나는
쇠비름 참비름 바랭이 도투라지
내 이름보다 더 정겨운
내 얼굴보다 더 고운
요놈들을 뽑으며
나는 요놈! 요놈! 한다
날마다 뽑아도 날마다 돋아나는
밉고도 이쁜 경이로운 생명
돋아나는 요놈이 무슨 죄 있나
뽑아 던지는 내가 죄 있지
오늘은 내가 네 놈들에게
요놈! 요놈! 하지만
내가 네 놈들 뿌리 밑으로 돌아가게 되면
네 놈들도 내게
요놈! 요놈! 할 터이기에

풀과 사람

꽃씨나 풀씨는 눈에 흙이 들어갈 날을 꿈꾸며 기다린다
새 세상 바라볼 눈을 뜨려고

사람은 눈에 흙이 들어가는 것은 꿈에도 싫어한다
이승 말고는 새 세상 보는 것도 싫다는 뜻

꽃씨나 풀씨는 가만히 있어도 향기가 나는데
사람은 설쳐댈수록 쉰내가 난다
왜 그럴까

某日

종일 머리가 무거웠다
속도 메스껍고
심장의 펌프질이 힘겨웠나 보다
햇살은 밝고 따뜻했지만
창 밖의 매화나무는
아직은 눈 뜰 때가 아니라고
눈(雪) 속에서 조용히 눈 감고 기다린다
전등록을 읽다가 졸음이 와서
나도 매화나무처럼 눈 감고 기다린다
매화가 눈 뜰 때 나도 함께 눈 뜨면
西域萬里가 눈부실 텐데
헛된 망념에 오늘도 해가 진다

某某日

바람도 갈 곳 몰라 이리저리 헤매고
풍경도 제멋대로 울고 있다
한 여름 뙤약볕 이겨낸 코스모스도
가는 허리 맡길 데 없어
흔들리고 있다
버리고 버리고 버렸는데도
아직도 버릴 것이 많아서인가
떠나고 떠나고 떠나왔는데도
아직도 떠날 곳이 남아서인가
내 마음 온종일 초조하다

某月 某日

비도 찔끔거리고
바람도 핑 불고
꽃도 피다가
도로 옴츠려 버리고
그런 날이다
방에 드러누워
아내가 만들어준 감자떡을 먹는다
금방 쩌낸 감자떡은
부드럽고 매끄럽고
고물이 들여다보이는 투명이고
그렇다고 감자떡이
누굴 닮았다거나 또 다른 무엇과도 같다는
그런 생각도 나지 않는 그런 날이다
활개를 펴고 누워 눈 감아 봐도
옆에서 연신
뽀시락 딸각거리는 아내 때문에
낮잠도 오지 않는 그런 날이다

나비의 기도

가을비가 오락가락
세상 모든 것은 젖어서 무겁다
죽이고 죽이는 것이 일상인 지구에서
생존은 요행
그래서 감사하며 기도한다
아침에도 낮에도 저녁에도 기도한다
저무는 하늘 아래 인적 없는 골짜기
날개 젖은 나비가 파르르 혼자 떤다
너의 기도가 어디까지 닿겠느냐
밤도 무겁다

내 시의 염원

내 시는 염원한다
얼음 속 불꽃이길

저급한 유행에 물들지 아니하고
고급한 사치에도 빠지지 않는
물결 높은 바다
내닫는 산맥이길
순정한 숨결이길

오직 목숨의 진술
그 하나이길

斷想

저 산봉우리 뿌리째 뽑아
푸른 잉크 찍어 한 백 리 그어 봤으면
굽이쳐 돌아가는 강물 이마에 감고
휘몰이로 한 천 리 돌려 봤으면
바다 복판 털썩 주저앉은 섬
그런 방점 하나
쿡 찍어 봤으면
그런 시 한 줄 써 봤으면
그렇게 한 번 죽어 봤으면

막연히 그가 그립다

꽁꽁 얼어붙은 겨울 새벽에
시외버스 주차장 차가운 의자에
떠날 시간을 기다리며 앉았다 간 사람
따스한 체온의 그가 누구일까
첫차를 탄
남자일까
여자일까
먼저 간 사람
막연히 그가 그립다

바우*

어느 세월에

어느 천치를 만나

울 줄 몰라 부둥켜안고

하늘이 금이 가도록

웃어 보랴!

---

* 바위의 사투리

2

봄마음 · 1

복사꽃이 떨어져서 물 위에 흐른다

흐르는 것은 물인가 꽃인가

불현듯 사람이 보고 싶구나

꿈밭에 봄마음이 가고 또 간다

봄의 序

시퍼런 칼날이던 산바람도
탑 앞에 와서는 쓰러져 눕고
만 겁 달려온 곧은 햇살도
옥개석에 닿아서는 부서져 내려
고요 끓이던 돌도 숨죽인다
나비가 날아와 팔랑팔랑
날개를 저어 탑을 흔들어도
모두가 요지부동
봄은 본래 적막인가
나도 숨 막힌다
모두가 참았던 숨
훅 터트리면
아. 그 때 꽃이 피는가

봄마음 · 2

복사꽃이 떨어져서 물 위에 흐른다

흐르는 것이 무엇이기에

불현듯 가슴이 더워 오는가

너도 가고 나도 가고 다 떠난 자리

미나리 파란 싹이 돋아나 있다

삼월 굿판

산에는 진달래 빨간 뾰루지
들에는 민들레 노란 뾰루지
산은 열일곱 살이래요 하고
들은 열여덟 살이래요 한다
윤이월 끼어들어 늦게 온 삼월
하르르 속옷을 벗어버린다
바람은 요리조리 새침한 엉덩이 살살 흔들어
복사꽃 떨어져 흐르는 냇물이 초경처럼 붉다
가슴에 파동치는 알 수 없는 이 물결
흰 머리가 공연히 쑥스럽다
겨우내 갑갑하던 묵뫼 속 할매 할배들
용용 살금살금 기어 나와서 볕을 쬐는지
산자락엔 바글바글 끓는 아지랑이
들녘엔 쌍쌍 논두렁 타고
줄넘기하는 어지러운 나비 떼
저들만이 신이 나서 난리굿이다
나만 따로 떼어놓고 홍홍대는
내게는 신산한 한 마당 굿판

한실의 봄

한실의 봄은 경운기 소리로 온다
경운기가 한 대만 탈탈거려도
좁은 골짜기에 금이 가서
언 땅이 소리로 먼저 녹는다
탕탕 방앗간이 돌아가는 날은
마을이 통째 소리에 떠서
구름 밖 십리까지 떠내려간다
그렇게 골짜기가 소리로 빵빵해지면
산벚나무도 마지 못해
화장기 없이 꽃봉오리 터트리고
마을회관 옆 이장집 개도
드럼통 개집에서 나와
허리를 늘이고
탈탈 겨울을 턴다

봄, 파르티잔

이 산 저 산 먼 산
피어나는 아지랑이
피가 끓는 봄
번져오는 봄 가려움증은
피가 나게 긁어 본
긁어 본 자만이 안다
청량대 위에 청량한 날에
동자가 세는 모래 동자가 알고
삼동을 굴 속에서 장좌불와한
눈이 빨간 다람쥐 등걸에 나앉아
수지침 같은 봄 햇살을
앞발 뒷발 굴리며 낱낱이 세는 것도
세고 있는 다람쥐 저만이 알 듯
나의 이 봄 가려움증도
피가 나게 긁어 본 나만이 안다

봄눈 여파

평소와는 달리 저물녘이 되어서도 말이 없는 아내
일몰을 침묵으로 점령해 오는
때 아닌 삼월 폭설 때문인가
우수의 장마비에 속아서인지
성급하게 나와 요란을 떨던
앞개울 개구리들도 입을 꽉 다물었다
하얀 이 드러내고 수줍은 미소를 던지던
기억 속의 여인
창 밖의 매화도
피던 봉오리를 다시 옴츠린다
충심의 아내여
당신도 그리해서 그러시는 거겠지
때 아닌 삼월 폭설 탓이겠지
삼월 폭설처럼 휘날리던
젊은 날의 나의 옷자락 그 때문이겠지

대근 엽채 일급

이순 지나 고향으로 돌아온 사촌 아우가
버려두었던 옛집을 털고 중수하는데,
육십 년 전 백부님이 쓰신 부조기가 나왔다.
을유년 시월 십구일
정해년 오월 이십일
초상 장사 소상 대상 시 부조기라고
한문으로 씌어 있었다.
육십 년 전 이태 간격으로
조모님과 조부님이 돌아가셨을 때의 일이다.
추강댁 죽 한 동이,
지례 큰집 양동댁 보리 한 말,
자강댁 무 열 개,
포현댁 간장 한 그릇,
손달댁 홍시 여섯 개,
대강 이렇게 이어져 가고 있었는데,
거동댁 大根葉菜一級이 나왔다.
대근 엽채 일급을 유심히 들여다보다가
나는 그만 핑 눈물이 났다.

보지 않아도 눈에 선한
내 아버지, 할아버지와
이웃들 모두의 처절한 삶의 흔적.
그건 거동댁에서
무 시래기 한 타래를 보내왔다는 게 아닌가.

서천 가는 낮달

산은 푸르러 날로 가까워 오고
냇물은 흘러 날로 멀어지니
지는 꽃도 아름답다
새 소리는 계곡으로 빠져들고
물 소리는 골짜기를 거슬러 올라가
고요를 더욱 고요이게 하니
낮에는 별들이 숲에 와 잠자고
밤이면 하늘로 올라가
총총 짜고 앉아 김매고 베 짠다
먼 우레 가을 소리도 정이 들어
흰 눈 이불 덮고 같이 꾸는 꿈
청 황 적 백 아름다운데
바람은 무슨 잇속으로 동서남북
다툼과 오욕을 흘리고 다니는가
산이 산에 절하고 골짜기가 골짜기에 엎드려
세월이 무궁 여시 여시
낮달은 불간섭
미미소 지으며 서천을 간다

아지랑이 만지장서 · 1

봄이 오는 때에
내 어머니에게 보내오는 고모님 편지를 보면
이 산 저 산 먼 산 아지랑이 피우다가
끝 부분은 언제나 같은 사연
—새댁아 없는 집에 와서 고생 많은 새댁아 하고저운 말은 만권지로도 부족타만 일로 고만 주린다
세월이 가고 그 분들도 다 가고 없는데
또 봄이 오니
지하에 가서도 이 분들이 무슨 만지장서 쓰고 읽는지
이 산 저 산 먼 산
타오르는 아지랑이 눈물겹다

아지랑이 만지장서 · 2

어매 올해도 벌써 아지랑이 봄날이데이
도리천에서 내려다보면
날마다 바라봐도 이 봄날이 심심치는 않제
음지산 눈도 다 녹았제
앞뒷산 돋아나는 풋잎이 날로 새롭제
열댓 집되는 마을 양 끄트머리에
두 아들 집이 있제
언제 봐도 환한 삼층석탑이 눈에 들어오제
일하지 않으면 먹지 않는
부지런한 아들이 집 지키고 있제
아리아리 따라다니며 풀 뽑는 에미도 기특제
앞뜰 뒤뜰
흰 꽃 노란 꽃 붉은 꽃
색색이 피는 꽃이며 나무들
해마다 커 가는 것 참 보기 좋제 그렇제
그런데 왜 한참 좋다가 눈물이 나노
어매 살고 간 굽이굽이
화경 같이 밟아와서 안 그런가

진달래 피제
복사꽃 피제
배꽃 피제
소쩍새 울제
호롱불도 고단하여 가물거리제
밤이 얼마나 깊었는지 어깨도 아프제
그래도 쪼가리 헝겊 잇고 기워
남편 자식들 맨살 안 보이게 꿰매고 누비느라
어느새 뿌옇게 날이 새뿌렀제
풋보리 한 단 베어다가 손작두로 쪼아 끓여낸 풀죽
그것도 한 대접 할배한테 먼저 드려야제
봄이 오면 새들새들 골았는 다리가 왜 그리 무겁제
그게 영양실조인데
쑥을 많이 먹어서 그렇다고 했제
온종일 산 헤매 나물을 뜯어
머리에 이고 어깨에 메고 허리에 차고
등 넘어 재 넘어 다리를 끌고 땅을 물고 오면서도
눈 빠지게 어매 바래는 우리 줄려고

송기를 꺾어 보퉁이에 꽂아 왔제
어매 그 세월이 다 어디로 갔뿌렀노
지금은 어떤노
북에는 지난 봄에도 굶어 죽은 사람이 많다 하고
여름에는 폭우로 압록강이 범람하여
집과 들이 다 물에 잠기고
말이 아이라 카네
같은 땅덩인데도 대한민국은 살기가 좋다
밥에 떡에 술에 고기에 주지육림 아이가
그런데 왜 배고프던 그 시절이 이다지도 그립노
지금 세상은 너무너무 더럽고 재미없다
부자는 더 부자되려고 휘두르고
가난한 사람들은 점점 더 살기 어렵다
세상이 본래 그렇제
올 여름은 유별나게도 덥데이
별도 안 뜨는 도시 쪽방은 얼매나 덥겠노
촌에는 바람도 있고 밤에는 새파란 별이라도 뜨니
별이라도 보고 사제

어매 지금 이 아들 하는 말 잘 들리제
아부지 하고도 이제는 안 싸우제
같이 산이 된 마당에 싸울 일도 다 없어졌뿌렀제
아부지하고 싸울 때마다 절로 갈라던 생각
이제는 없제
무쇠 가마처럼 씌워진 굴레
가난의 굴레 병마의 굴레
이제는 다 끊어지고 없제
이고 진 짐도 아무 것도 없제
비고 비어 허공처럼 되면
다른 가득한 게 있는 기라
과거 현재 미래도 아이라 카제
적멸 아이가
어매 있는 데가 거기 아이가

봄이 오는 길목에서

— 고 박상훈에게

몰래 가버린 젊은 친구야. 죽는다는 게 어찌 그리 쉬우며 어찌 그리 헐겁단 말이냐. 젊어서 그런 것이냐. 우직하게 마시던 술 버릇처럼, 함부로 피우던 담배 버릇처럼 한 문장이 아닌 한 단원을 빼버리듯 그렇게 과감한 절삭을 한단 말이냐. 왁자지껄 함께 왔으면 불도 함께 때고 열도 함께 올려야 하는 것 아니냐. 그런데 어찌 순서도 무시하고 혼자서 먼저 뚜껑을 열어버린단 말이냐. 끓기도 전에 김을 확 빼버리고 판을 접어버린단 말이냐. 해는 중천인데, 우리가 마셔야할 술독은 아직 열지도 않았는데, 함께 뜯어야 할 흉허물 끈도 풀지 않았는데, 혼자 유식한 척, 혼자 독보적인 척, 오만함을 안주로 혼자 다 마셔버렸단 말이냐. 그리고는 흐트려놓고 뒤섞어놓고 깜짝 쇼하듯 숨어버렸단 말이냐. 삶이 숨 가빠 쓰지 못 한 장편 그렇게라도 숨어서 한 편 쓰겠다는 배짱이냐. 나는 할 말을 잊는다. 얼마나 빡빡하면 그렇게 한꺼번에 풀어버리는 수도 있더란 말이냐. 친구야, 지금 어디 있니. 봄이 오면 친구도 함께 오려나 하고 나 오늘 봄이 오는 길목에 나와 오지 않을 너를 기다려본다.

봄 환청

언 땅에서 모락모락 흰 김이 올라온다
묻어놓은 숨결도 돋아날 것 같은
볕이 고운 날
돌담에 기대어 눈감아 본다
그리운 것들이 돌아오는가
귀에서 앵 소리가 난다

3

버들메기들

그늘도 투명한
가을 개울물 들여다보면
이마가 간지럽다
볼이 간지럽다
내 얼굴 위로 헤엄쳐 다니는
버들메기들

訥雲世*

날마다 허송하고 돌아가는 길이
더듬어 흘러가는 여울물 같다
내가 끌고 온 빛과 그림자를
언제 누구에게 어떻게 맡길까
꿈결에도 문득 생각하지만
꽃이 피고 꽃이 져도 소식이 없어
철새들 날아가는 하늘을 본다
때로는 무심히 아침을 맞고
때로는 무심히 마른 풀 베고 잠들기도 하지만
빈 손을 마주 비벼 온기를 날려
은하수 밟고 가는 찬 기러기 날개 위에
짐 안 되게 얹혀가는 달빛이길 바라
아직도 내가 태산만큼이나 무거움을 알겠다
날마다 허송하고 돌아오는 나를
날마다 꾸벅꾸벅 소처럼 따라오는 내 그림자

---

* 내가 귀향하여 사는 집 당호인 눌운세는 편운 조병화 시인이 지어 준 아호 '訥雲'에 서예가 일사 석용진이 '世'를 보탠 것이다.

교감

열려 있는 문으로
잠자리 한 마리가 날아들어 온다
어느 먼 국토에서 오신 손님인가
붉은 도포자락
당상관 같다
누옥을 한 바퀴 돌아 보고
들보에도 한 번 올라타 보고
손등 위에 내려와 앉는다
편안한 강림,
처사부군 내 아버지 나들이 같다
참 좋은 옷에
참 좋은 안경,
내가 가만히 눈을 감으니
잠자리도 조용히 삼매에 든다

가을 내시경

가을에는 모두 고개 숙인다
산밭 서숙도 고개 숙이고
갯밭 수수도 고개 숙인다
큰 키 자랑하던 해바라기도
둥근 얼굴 구부려 고개 숙인다
짧아진 해를 머리에 이고
기울어진 은하에 발을 담그는
때에 임하는 저 겸허함!
빌려 선 자리 비워주기 앞서
무언으로 전하는 감사의 인사
정직한 것들은
가을에는 모두 고개 숙인다

손톱 깎는 아침

떠나기 전 미처 깎지 못 한 손톱
떠나서도 이래저래 깎지 못 한 손톱
돌아와서 깎는다
딱딱한 사고 쭈그러진 생각
쓸 데 없는 너스레 웃자란 사치
실제로는 나 아닌 가식의 것들
돌아와 다소곳이 앉아
고개 숙여 잘라낸다
오만과 편견,
때 늦었지만
그나마 다행이다

달무리

山家에 밤이 깊었다
하늘엔 크게 달무리가 져 있고
물 먹은 굵은 별 하나
달무리 속에 달과 함께 있다
달무리가 별을 가둔 것인지
별이 경계를 넘어
달무리 속으로 들어간 것인지는 알 길 없지만
둘만이 들어앉아 있는 달무리가 신혼방 같다
행복해 보이기도 하고
불행해 보이기도 하여
바라보는 마음에 물결이 인다
저 달은 누구이고 저 별은 누구인가
꽃 같고 별 같던 그 때 그 사람들
다 어디 가고
노역에 지친 늙은 부부가
초저녁부터 멍석머리에 꼬부라져
흙 묻은 발이 한 참
이슬에 젖고 있다

달 동무

산골에서 동무 없이 살다가 보니 밤이 되면 멧새들도 잠자고 풀꽃들도 잠들어 잠 안 오는 밤은 더욱 심심해 마당으로 내려와 하늘에서 나처럼 심심해 하는 달을 부른다 별들은 새근새근 잠이 들었고 혼자 있는 달도 심심하니까 마다 않고 내려온다 내가 달을 끌면 달은 내가 끄는 대로 따라 온다 동두깨비 살림할 때 내 여자 순이 같이 순진하기 그지없다 으슥한 데로 끌면 으슥한 데로 따라오고 탑 있는 데로 끌면 탑 있는 데로 따라 온다 내가 탑신 뒤에 숨기도 하고 달이 옥개석 뒤에 숨기도 하면서 숨도 가쁘지 않은 숨바꼭질하다가 재미없으면 공기놀이 한다 내가 고개를 전후좌우로 돌리기에 따라 달은 공깃돌이 되어준다 탑의 보륜 밑으로 떨어지기도 하고 보개 위에 비스듬히 얹기도 하고 뾰족한 찰주 위에 동그마니 앉기도 한다 내가 심심하여 어쩔 수 없이 달을 장난삼아 데리고 노는데 달은 못된 나를 동무삼아 잘도 놀아 준다

滿月蜜月

달아 너는
벗겨 놓을수록 아름다운 몸매
벗기는 순간에 추해져버리는
땅 위의 것들과는 다른 숨결
사람의 팔이 닿지 않는 곳에 태어났음이 천만 번 다행이다
만일에 그렇지 아니 하였다면
밤이면 밤마다 난자되고 말았을
아찔한 명색의 고운 달아
내가 몹시 춥고
내가 몹시 배고플 때
혓바닥이 데더라도 그냥 딱 한 개만
한꺼번에 꿀꺽 삼키고 싶던 호떡 같던 달아
한 번만 꼭 껴안아 보고 싶던 아기 업고 호떡 굽던
어느 착한 아내의 얼굴 같던 달아
오늘 밤은 설사 네가
내 팔이 닿는 곳에 와 있다 해도
나는 너를 벗기지 않고
밤새도록 곱게 바라만 보고 싶다

묵을 쒀 먹으며

무욕이 자칫 사치가 되기 쉽다
하얀 달밤에 하얗게 피는
박꽃을 보려고 심은 박이나
별이 총총한 밤 소금을 뿌린 듯
하얗게 피는 메밀꽃을 보려고
집터 주변 여기저기 뿌린 메밀인데
생각 밖에 둥근 박이 주렁주렁 열려
박을 따서 채를 쳐 박국을 끓여먹고
까맣게 여문 메밀을 거두어 묵을 쒀 먹으니
꽃 보는 재미보단 사뭇 달라
은근하고 쏠쏠한 맛
이건 사치 아니겠지

점심

點心한다
어느 마음에 점을 찍을 것인가
보리쌀에 검은 콩
거친 밥이 마음에 점을 찍는다
두 손 모아 합장을 하니
은혜가 깊어 배가 부르다
아직도 저 언덕은 멀기만 한데
험한 산이 마음에 또 점심한다
그래도 고맙다고 또 합장하니
이 언덕이 곧 바로 저 언덕이네
마음도 다 마음이 아닌
이름이 마음인 그것뿐이니
생사의 길 또한 점심 밖에
과거 현재 미래
어디에도 없다

一考

잠결에 모로 누우니
어렴풋한 한 생각
찰나에 천년이 스쳐 지나간다
절반은 꿈이요
절반 또한 꿈이라
수미산 굴러내린 한 덩이 돌일진저

한 바퀴 더 돌아 모로 누우니
다시 어렴풋한 한 생각
억겁이 찰나에 스쳐 지나간다
절반은 잠이요
절반 또한 잠이라
부스스 깨어나는 한 덩이 돌일진저

니르바나

간밤엔 눈이 한 자나 내렸다
비가 오면 비에 갇히고
눈이 오면 눈에 갇히는
나의 幻身이 이리 즐겁구나
壇經*을 읽다가 덮어두고
아이들이 던져놓은
헤리포터 마법사의 돌을 읽는다
단경 속으로 들어가면
끊어진 길 위에 열리는 새 지평
가슴 쿵쿵 뛰고 가슴 설레고
마법사의 돌 속으로 들어가면
호호 손을 불며
뜨거운 군밤을 까먹는 재미
동네 아이들은 골목길에서
빗자루를 타고 눈 위를 날며 시끌벅적
퀴디치**를 즐기는지
떠드는 고것들도 벌써
마법에 재미를 붙인

도깨비들이 다되어 있다
강림 도솔천
순백의 이 평화

---

* 육조 혜능의 『육조단경』
** 『헤리포터』 속의 빗자루를 타고 눈 위를 날아다니는 어린이들의 놀이

합장

새해 첫날 첫새벽에 손자가 나서
설날 아침 신생아실 유리벽 너머로 첫 대면한다
新生은 아직 눈 뜨지 않은 채 강보에 싸여있다
눈을 뜨면 펼쳐질 세계에 대한
앞으로 닥칠 간단치만은 않을 시련과 도전을
무한 가능성을,
눈 감고 손 모아 長考하고 있다
도리천 아니면 도솔천 아니면 그보다 더 먼 어느 국토의
머물다 온 요람과는 뭔가 다른지
가끔씩 입을 옴츠리고 고개도 갸웃해 본다
그럴 것이다
어디서 왔든 이 세계는 네가 선택한 것
모든 가능성이 열려있다는 것도 너는 안다
참 좋은 세계 아닌가!
어둠이 있어 빛이 있고
번뇌가 있어 해탈이 있는 세계
그 세계에서

해후와도 같은 우리 만남이 진정 기쁘기에
나도 같이 눈을 감고 두 손 모은다

박꽃

둥근 달이 구름 속으로 슬쩍 들어간다
참 익숙하다
이번에는 구름이 달 속으로 들어간다
그도 익숙하다
서로 번갈아 가며 무상출입한다
보이지 않게 터치도 하며

초저녁부터 바라보다가
초경도 없이 키가 커버린
티 하나 없는
순이 얼굴

여뀌꽃

여뀌꽃이 피어 있다
가난이 한 골짜기
지천으로 피어있다
내 아버지 어머니의
알뜰했던 생애가
오래 빛바래서
달빛처럼 피어 있다

4

눈

산골짜기 외딴집에
편지 한 장 왔다
하얀 종이 위에 하얗게 쓴 글씨
석유 냄새도 묻지 않았다
화약 냄새도 묻지 않았다
마더 데레사의
천상의 기도문
차고 따스하다

산골짜기 내리는 눈

산골짜기 외딴 집에 내리는 눈은
외딴집 영감님,
수탉을 닮았다
처음엔 암탉 곁을 살살 돌다가
외다리로 서서 비비 꼬다가
화닥닥 뛰다가 푸르르 날기도 하다가
한 목청 길게 뽑아
대장부
한 순간 집안을 뒤집어도 놓는
영감님을 닮았다

산골짜기 외딴집에 내리는 눈은
외딴집 할망구,
씨암탉을 닮았다
처음엔 둥우리 안에서 병아리를 품듯
살살 옮겨 앉다가
나무 지러 갈 때면 풀풀 날리고
한 짐 지고 와서 내려놓을 땐

부엌문 앞에서 뒤뚱뒤뚱
쇠여물할 때면
삼태기로 푹푹

산골짜기 외딴집에 내리는 눈은
앞뒤 없는 전차,
영감님을 빼닮았다
할망구를 빼닮았다

千字文으로 내리는 눈

고향 빈 집에 눈이 내린다
하늘 천 따 지 검을 현 누르 황

마당에도 지붕에도
집 우 집 주 넓을 홍 거칠 황

거름더미 위에도 정랑 부틀에도
날 일 달 월 찰 영 기울 측

낮에는 지게 지고 나무하고
밤에는 호롱불 아래 바느질하는 어머니 곁에서
초롱초롱 머릿속에 새겨 넣었던
글자들이 내려온다

별 진 잘 숙 벌일 렬 베풀 장
나무가리 위에고 아무 데고
훨훨 몸 풀고 글자들이 내려온다

태극기 구경

태극기가 바람에 펄럭입니다
하루 종일 빈 하늘에 펄럭입니다
대곡리 산골짜기 여남은 집
텅 빈 마을회관 경로당
인적이 없고
귀퉁이 찢어진 새마을기도
태극기와 나란히 펄럭입니다
이 산 저 산 엎드린 묵뫼 귀신들
하루 종일 심심해서
펄럭이는 태극기 바라봅니다
동무 하나 없는 나도 하도 심심해
묵뫼 벌에 올라가
펄럭이는 태극기 바라봅니다

金蘭日出

초봄에 장에서 사온 유원사네 집 병아리가
여름 가고 가을 되니 암평아리는 알을 낳는데
벼슬도 붉고 날개도 꽁지도 점잖은
수탉은 울지 않았다
평생을 군에서 훈장도 많이 받은 유원사는
모이 주면서도 울지 않는 수탉을 미워했다
유원사와 나는 군대 동기로
지금은 이웃이 되어 함께 사는데
그 수탉이 내가 가면 꼬끼오하고
한 목청 좋게 뽑아 올린다
너 목청 좋구나 하면 내 말이 떨어지자마자
한 쪽 다리를 덜렁 들었다 놓으며
다시 한 목청 시원하게 뽑아낸다
네 놈은 까마득한 그 옛날의 伯牙고
나는 그때의 種子期란 말인가
마을에서 아무도 알아주지 않는 시인을
저만은 알아준다는 말 같기도 해서
너 목청 정말 좋다 한 마디 더 해주면

더욱 길게 한 목청 뽑아 꼬끼오오한다
삭막한 인심에 음해가 넘쳐나도
세상에는 이처럼 어수룩한 구석이 있어서
아침이면 동쪽에서 밝게 해가 뜨는 것이다

참나무숲 옆에서 살다가 보니

참나무숲 옆에서 살다가 보니
간혹 그들 얘기를 엿듣게 된다
그들 얘기는 신문보다 진지하다
어린 참나무가 날아가는 참새 떼들을 보고
조것들은 말이야 주둥이와 꽁지뿐이야
천지를 날아다니며 찧고 까불고
똥을 갈기며 세상 더럽힌단 말이야
우리들 머리 위를 휘젓고 다니는 조것들은
얌탕머리라고는 없는 놈들이야
약아빠진 데다가 좁쌀 세는 데는 귀신이라니까
형뻘 되는 참나무 한 그루가 짐짓 여유를 보이며
나처럼 어눌하게 한 마디 한다
우리는 팔을 벌리면 태양도 안을 수 있다
그러자 아름드리 늙은 참나무가
점잖게 한 마디 짚어준다
얘들아 신경 쓰지 마라
고것들은 머리로 사는 것들이고
우리는 가슴으로 사는 나무다

나무 가운데서도 참나무다
그 소리를 들은 나는 공연히 부끄러웠다
나도 좁쌀 세는 데는 선수인데다가
참새처럼 조금은 찧고 까불고 갈겼으니

安居

감자도 심고 꽃도 가꾸고 산다
황금열쇠도 없고 구리거울 같은 것도 없으니
개를 묶어 기를 일도 없고
개밥을 주고 개똥 칠 일도 없어 자연 한가롭다
머리를 빗지 않아도 되고
시장하면 먹고 졸리면 자니
시계가 무슨 소용이랴
이 양반이 혼자 무얼 하나?
아침 저녁 산바람이 궁금한지
몰래 슬쩍 한 바퀴 뜰을 돌아가고
행보가 어눌한 구름마저도
산을 넘으며 힐끔힐끔 살핀다
내가 말 없고 산이 말 없으니
개울물이 혼자 중얼거린다
잘 흘러가다가 봇살에 걸려
곤두박질치면서도 중얼중얼
산은 또 산이요 물은 또 물이요

쓸 데 없는 주석까지 붙여가면서
중얼중얼 중얼중얼

내일은 버스가 들어 올라나

팔십 리 밖 안동에서 아침에 한 번 저녁에 한 번 들어왔다 바쁘게 돌아나가는 한 대뿐인 시내버스가 몇 집 밖에 살지 않는 대곡리 골짜기를 등 넘어 재 넘어 자벌레처럼 구불텅거리며 오는 게 신기하기도 하고 고맙기도 해서 버스가 들어올 시간이 되어 간다 싶으면 나는 창문 쪽으로 자세를 고쳐 앉아 버스 오는 걸 기다리는데요 일간에 눈이 좀 왔다고 해서 닷새째나 버스가 오지 않아 오늘은 달리 기다릴 그 무엇도 없어 나는 산이나 바라보고 지나는데요 어제는 서울에서 한 사람이 전화 오더니만 오늘은 네 사람이나 이 골짜기로 전화를 걸어 왔지요 눈에 묻힌 대곡리 산골이 때 아닌 봄을 맞는가 싶기도 했지요 경기도 안성 사는 김 시인은 전화로 지난 가을 어느 잘 아는 문인 집 조경공사를 보령 오석으로 해줬는데 물이 나서 그만 무너져버려 다시 쌓느라 아내한테 겨울 연료비나 좀 벌어주려다가 오히려 생돈만 손해 봤다며 허허 웃으며 곁들어 하는 말이 실은 거 있잖아 이번 거시기 나온 뭐시기 찍어줘 해서 나는 그러지 뭐 나야 뭐 찍어달라는 대로 찍어주지 뭐 특별히 친한 사람도 없잖아 했다 김 시인은 인정은 많아가지고 다리도 불편하면서 남의 걱정까지 맡아서 하네 적막한 산골에 전화벨이 부산하게 울릴 때 내 짐작했제 "산골짜기면 뭐하고 지내? 산보고 살아?" "앞뒤가 산뿐인데 뭐 딴 거 볼 거 있어야지" 오늘은 대체로 쉽게 말이 나왔지만 복잡한 사람들 사이에 끼어 어리버리거리다가 채이기보다 산으로 끼어든 게 백 번 잘 했지 산도 나처럼 멍청해서 그런 거 저런 거 안 따지니까 몇 군데 전화가 더 와서 눈 속에 매화라도 피는가 싶더니 다시 금방 겨울이다

내일은 버스가 들어 올라나

金蛙殿

어느 시절 어느 산마을에
초가삼간으로 지은 집이 한 채 있었다
미리내에서 온 견우와 직녀가 살던 집이고
금지옥엽 어린 내가 살던 집이다
천 년도 한 찰나
수미산 아래 예토에 떨어져
내 전생 복되던 그 때 그려보니
그곳이 정녕 요람이었다
동창 밖 오동나무 널다란 잎 속에서
둥근 달이 삐죽이 얼굴을 내밀면
개울과 논들의 개구리들은 개굴개굴 개굴개굴
순식간에 천지를 야단법석으로 꾸미고
우리 집 초가삼간을 도리천 위로 떠밀어 올려
32상 80종호 거룩한 부처님 전각을 세워
개굴개굴 개굴개굴 금강경 반야심경 천수경
독경 삼매로 해탈에 드는 금와들의 예수재
나도 어느 결에 꿀잠에 빠져
하늘을 날아 은하를 건너는 꿈을 꾸다가

언듯 눈을 떠 보면
호롱불 아래 조용히 물레를 잣는
백의관음 어머니
하얀 박꽃들도 선정에 들어 있고
마구간엔 장좌불와 우공의 워낭소리
아버지 코고는 소리로
풀잎마다 진주가 열리던 집
그 집

빈 집

도시에는 빈 집은커녕 셋방도 없어
신혼부부들이 별거를 한다는데
한실에는 사람 사는 집보다
빈 집이 더 많다
돌보지 않고 버려놓은 빈 집엔
적막이 들어와 살고
부스러기 햇살이 숨어 살고
亞자 상에 囍자 자리에 壽福 베개에
청실홍실 꿈을 꾸던 방엔
어우렁 더우렁 거미들이 공짜로 들어와 엉겨서 살고
이 구석 저 구석 소복소복 알을 까서
예쁜 새끼들을 기르며 살고
춘향이 집 방자처럼
바람이 무상출입 드나들며 살고
흙이 된 지 오래 된 아버지 어머니들 먼지 쌓인 문패가
백골이 빛나도록 집 지키고 있고
세월은 그렇게 가고 있고

잘 생겨서 미안합니다

재 너머 동네 신작로 가에
붉은 벽돌집에 사는 풍채 좋은 할머니
버스 타고 자주 나들이하시는데
오늘 아침에도 버스에 올라 자리 잡으려다
손을 헛짚어 넘어질 뻔하였다
빨리 손잡이를 잡으셔야지요
먼저 탄 이웃 분이 나무라시니
맨 뒷좌석 높은 데 앉아 있는 나를 향해
잘 생긴 저 양반 바라보다 그리 됐다 한다
어느 해던가 모란이 피는 따스한 봄날
자금성 큰 궁궐을 돌고 있는데
내 앞에서 마주친 어떤 귀부인이
발을 삐끗하여 내게로 넘어지며 가슴이 닿았다
스치며 속삭이듯 당신 바라보다 그리 됐다며
얼굴 붉히며 웃음 짓던
그때 그 아주머니 생각이 났다
나는 오늘도 그날처럼 합장으로 사과한다
잘 생겨서 미안합니다

겨울 무지개

강냉이가 익으면 오실까 하고
강냉이 수염이 마르는 것만 바라보다가 여름이 가고
강냉이 수염이 다 말라가도
기다리는 사람은 오지 않아서
잘 익은 몇 자루 골라 꺾어서
겉껍질은 벗기고 속껍질 한두 겹을 붙여놓은 채
냉장고 한 구석에 숨겨 놓았지요
코스모스 흰 꽃이 바람에 날려도 소식이 없고
첫눈이 날려도 소식이 없어 울고 싶은데
바람 먼저 울고 산이 먼저 울어
숨겨놓은 강냉이 끄집어내어
기다리는 사람 아닌 한 사람과 마주 앉아서
철지난 강냉이 삶아 먹으며
철없는 아이처럼 몰래 한 생각 깊었습니다
짧은 해 긴 그림자 돌아보지 않고
겨울 무지개꿈 꾸고 있습니다

첫눈

얼굴 가린 것이 흩날리며 온다
절며 뛰며 온다
어디서 그토록 숨어 있다가
몸부림으로 온다
잉잉대며 온다
길을 지우며
시간을 지우며
울며불며 온다
캄캄하던 내 전생이
막막하던 내 전생이
금의환향
휘날리며 온다

대근 엽채 일급의 마음을 찾아서

1

복사꽃이 떨어져서 물 위에 흐른다
흐르는 것은 물인가 꽃인가
불현듯 사람이 보고 싶구나
꿈밭에 봄마음이 가고 또 간다
—「봄마음 · 1」 전문

복사꽃이 떨어져서 물 위에 흐른다
흐르는 것이 무엇이기에
불현듯 가슴이 더워오는가
너도 가고 나도 가고 다 떠난 자리
미나리 파란 싹이 돋아나 있다
—「봄마음 · 2」 전문

철이 들 무렵 버리듯 떠났던 고향을 사십여 년 만에 돌아와 세 번째 봄을 맞는다. 「봄마음 1」은 첫해 봄에,

「봄마음 2」는 두 번째 봄에 쓴 것이다. 올해는 지나가는 봄을 그냥 바라보기만 하고 있다. 감기로 십여 일을 시름시름 지내다가 밖을 나가보니, 앞산 뒷산에 곱게 피어 있던 복사꽃들이 다 지고 흔적이 없다. 내가 아픈 동안 꽃들도 얼마나 아파하며 떨어졌겠으며, 여울물은 흩날리는 꽃잎을 안고 흐르며 또 얼마나 울었었는지 모를 일이다.

꽃이 아름다운 것은 지는 아픔이 있기 때문이며, 사랑이 아름다운 것은 이별의 슬픔이 있기 때문이다. 복사꽃은 졌지만 아직도 앞뒷산 구릉과 비탈에는 늦게 핀 산벚꽃과 조팝꽃들이 희고 붉게 산을 밝히고 있다. 들에는 민들레며 꽃다지며 좁쌀 같은 작은 풀꽃들이 세상을 아름답게 장엄하고 있다. 대자연의 신비 앞에 아무리 무심하려 해도, 계절의 순환과 오묘한 생명의 질서 앞에 가슴이 벅차오르고 눈물이 솟구치는 병은 어쩔 수 없다.

오늘 뒷터에 구덩이를 파고 호박을 심었다. 마을을 한 바퀴 돌다가 어느 집 담장 아래 심어놓은 호박 모종을 보고, 시기를 놓칠세라 몇 포기 옮겨와 서둘러 심은 것이다. 산촌에서는 늘 있을 수 있는 그렇고 그런 일이지만 무슨 큰 일을 하나 해낸 것처럼 뿌듯했다. 이 호박 모종이 자라고 줄기를 뻗어가면서, 내가 올봄에 쓰지 못 한 「봄마음 3」을 대신하게 될 것이다. 무엇을 심고 가꾸는 일도 즐거움이지만, 초록으로 바뀌는 산과 들을 바라보는 것 또한 적지 않은 즐거움이다. 개울 가에 엎드려 세상 모르고 쏘다니는 물 속의 버들메기 떼들을 들여다보는 것 또한 산촌에 묻혀 사는 이의 남모르는 즐거움이 아닐 수 없다.

2
어매 지금 이 아들 하는 말 잘 들리제
아부지하고도 이제는 안 싸우제
같이 산이 된 마당에 싸울 일도 다 없어졌뿌렀제
아부지하고 싸울 때마다 절로 갈라던 생각
이제는 없제
무쇠 가마처럼 씌어진 굴레
가난의 굴레 병마의 굴레
이제 다 끊어지고 없제
이고 진 짐도 아무 것도 없제
비고 비어 허공처럼 되면
다른 가득한 게 있는 기라
과거 현재 미래도 아이라 카제
적멸 아이가
어매 있는 데가 거기 아이가
—「아지랑이 만지장서 2」 부분

이 시는 내가 고향에 돌아온 것에 대한 대답이다. 나는 어머니를 만나러 왔으며, 어머니로 상징되는 잃어버린 고향의 모든 것을 되찾으러 온 것이다. 이 시의 생략된 마지막 한 줄은 〈어매 거기가 여기 아이가〉쯤 될 것이다. 이처럼 소리 없이 계절이 바뀌고 시간이 느리게 흘러가는 깊은 산 속 내 고향이야말로 적멸의 다른 이름이 아니겠는가. 나는 어머니를 향해 〈아지랑이 만지장서〉로 한정도 없이 많은 질문을 던진다. 〈앞뜰 뒤뜰/흰 꽃 노랑 꽃 붉은 꽃/색색이 피는 꽃이며 나무들〉을 비롯하여 내 고향의 모든 것들은 내 질문에 대한 어머니의 대답에 다름 아니다.

이순 지나 고향으로 돌아온 사촌 아우가
버려두었던 옛집을 털고 중수하는데,
육십 년 전 백부님이 쓰신 부조기가 나왔다.
을유년 시월 십구일
정해년 오월 이십일
초상 장사 소상 대상 시 부조기라고
한문으로 씌어 있었다.
육십 년 전 이태 간격으로
조모님과 조부님이 돌아가셨을 때의 일이다.
추강댁 죽 한 동이,
지례 큰집 양동댁 보리 한 말,

자강댁 무 열 개,
포현댁 간장 한 그릇,
손달댁 홍시 여섯 개,
대강 이렇게 이어져 가고 있었는데,
거동댁 大根葉菜一級이 나왔다.
대근 엽채 일급을 유심히 들여다보다가
나는 그만 핑 눈물이 났다.
보지 않아도 눈에 선한
내 아버지, 할아버지와
이웃들 모두의 처절한 삶의 흔적.
그건 거동댁에서
무 시래기 한 타래를 보내왔다는 게 아닌가.
—「대근 엽채 일급」 전문

이 시를 마주 하면 늘 눈물이 돈다. 내 어릴 적 육십 년 전의 이야기지만 참담한 현실 속에서도 따뜻한 인정을 주고받는 삶의 온도가 온몸으로 생생히 느껴진다. 〈죽 한 동이〉, 〈보리 한 말〉, 〈무 열 개〉, 〈간장 한 그릇〉, 〈홍시 여섯 개〉, 그리고 무 시래기 한 타래의 〈大根葉菜一級〉. 이쯤되면 내가 무슨 큰 결심이라도 하듯 고향을 찾아온 게 아니라, 이웃집 큰 일에 이런 것들을 주고 받으며 살아온 어머니 시대의 따뜻한 마음이 나를 부른 것이라고 하는 게 맞다는 생각이 든다. 그러니까 나의 귀향은 무 시래기 한 타래의 마음을 찾아서 온 것이며, 뒤늦게나마 무 시래기 한 타래의 마음을 배우기 위해서 온 것이다.

이제 한 삼 년쯤 지나니, 나를 보는 사람들의 시선도 많이 바뀐 것 같다. 내가 고향으로 돌아가 집을 짓겠다고 했을 때만 해도 형제들은 물론 가족까지도 강 건너 불 구경하듯 관심을 가지지 않았다. 집을 짓느라 삼백 리 먼 길을 좇아 다닐 때까지도, 사람들은 아무리 고향이라고 해도 굳이 이렇게 먼 데 집을 지을 것까지 있나 하면서 의아해 했다. 그러나 나는 어머니로 상징되는 고향을 제대로 만나야 한다는 한 생각으로 집을 짓고 訥雲世란 당호를 걸었다. 눌운은 편운 조병화 시인이 내게 준 아호로 어눌한 구름이라는 뜻을 담고 있는데, 여기에 서예가 일사 석용진이 '세'를 붙인 것이다.

삼 년 전 아내와 함께 고향에 들어온 그해 늦가을 어느 문학 단체에서 우리 집을 방문했다. 그때 오신 분들이 하신 말씀 중에 오래 내 가슴에 남아 있는 것이 있다. 한 분은 유배지 같다고 했고, 한 분은 세속의 티끌을 씻을 만한 곳이라 했다. 엄청난 낙차가 있지만, 둘 다 정곡을 찌른 말이 아닐 수 없다. 도시와는 사뭇 다른 깊은 산골이니 유배지와 다를 게 없고, 대자연 속에 깊이 묻혀 있으니 자연과 더불어 유유자적하며 살아갈 수 있는 낙원이기도 하다. 돌이켜 보면 무지와 가난과

힘든 노동을 견디지 못 해 도망치듯 떠났던 곳이지만, 고향은 험난한 세파에 부대끼며 평생을 숨가쁘게 살아온 나를 깊이 안아주는 유일한 땅이다. 고향은 어머니의 다른 이름이며, 어머니는 고향의 다른 이름이 아니겠는가.

3
저 산봉우리 뿌리째 뽑아
푸른 잉크 찍어 한 백 리 그어봤으면
굽이쳐 돌아가는 강물 이마에 감고
휘몰이로 한 천 리 돌려 봤으면
바다 복판 털썩 주저앉은 섬
그런 방점 하나
쿡 찍어 봤으면
그런 시 한 줄 써 봤으면
그렇게 한 번 죽어 봤으면
—「斷想」 전문

이 작품은 시인으로서의 내 염원을 그린 것이다. 어디에도 거칠 게 없는 호방한 목소리로 자연과 인생을 노래하는 것. 고향은 〈그런 시 한 줄〉 쓰기 위하여, 아무도 피해 갈 수 없는 죽음을 〈그렇게 한 번〉 맞이하기 위하여 찾아 들어온 땅이다. 바깥 사람들은 무얼 하러 산골로 들어가느냐 하고, 고향 사람들은 무얼 하러 산골로 들어오느냐고 했다. 이 시는 그들의 물음에 대한 내 대답이다.

그러나 삼 년째 접어들면서도 나는 아직 〈그런 시 한 줄〉 쓰지 못 하고 있으며, 그러므로 아직은 〈그렇게 한 번〉 죽을 수도 없는 모양이다. 우학 스님이 준 내 법명이 擧海다. 바다를 들어올린다는 뜻이다. 내 스스로 바다를 들어올릴 만한 기상과 배포가 없음을 잘 알고 있지만, 나는 내가 찾아든 이 땅이 언젠가는 내게 〈저 산봉우리 뽑아/푸른 잉크 찍어 한 백 리〉 긋게, 〈강물 이마에 감고/한 천 리 돌〉리게, 〈바다 복판 털썩 주저앉은 섬/그런 방점 하나/콱〉 찍게 허락할 것이라 믿고 봄을 건너고 있다. 들녘을 헤매다 지쳐 돌아와 보니, 뜰 앞에 매화 한 가지가 나를 반기고 있다. 달빛 아래 환한 배꽃과 소쩍새 울음은 예나 지금이나 다름이 없지만, 가슴 속으로 사무쳐 오는 깊이와 울림은 같을 수 없다. 뜰 앞 매화의 어여쁨과 배꽃의 환한 표정, 소쩍새의 속 깊은 울음을 비롯한 이 산골의 모든 것들은 그래 〈아부지하고도 이제 안 싸〉운다는 어머니의 음성에 다름 아니다.

김 연 대

1941년 안동군 길안면 대곡리 한실마을에서 출생하였고, 1989년 『예술세계』로 등단하였다. 시집 『꿈의 가출』, 『꿈의 해후』, 『꿈의 회향』을 출간하였으며, 아시아시인 · 작가협의회 시예술상을 수상하였다.

아지랑이 만지장서

초판 1쇄 펴낸 날 / 2012년 5월 10일

지은이 / 김 연 대
펴낸이 / 박 진 환

펴낸 곳 / 만인사
등록번호 / 1996년 4월 20일 제03-01-306호
주소 / (우)700-813 대구광역시 중구 대봉2동 743-7
전화 / (053)422-0550
팩스 / (053)426-9543
홈페이지 / www.maninsa.co.kr

ISBN 978-89-6349-034-2 03810

값 8,000원